AF227331

COMICE AGRICOLE

DE L'ARRONDISSEMENT DE COSNE-SUR-LOIRE (NIÈVRE).

DEVOIRS

DES

CLASSES DIRIGEANTES

OU

AUTORITÉS SOCIALES.

DISCOURS

PRONONCÉ PAR M. L'ABBÉ GUILLEMENOT,

Chanoine honoraire, Curé-Doyen de Prémery,

A la messe du Comice tenu le 10 septembre 1882.

SE VEND UN FRANC

AU PROFIT DES ÉCOLES LIBRES.

NEVERS,

IMP. FAY. — G. VALLIÈRE, SUCCESSEUR,

Place de la Halle et rue du Rempart, 2.

1882

DEVOIRS

DES

CLASSES DIRIGEANTES

OU

AUTORITÉS SOCIALES.

DISCOURS

PRONONCÉ PAR M. L'ABBÉ GUILLEMENOT,

Chanoine honoraire, Curé-Doyen de Prémery,

A la messe du Comice tenu le 10 septembre 1882.

SE VEND UN FRANC

AU PROFIT DES ÉCOLES LIBRES.

NEVERS,

IMP. FAY. — G. VALLIÈRE, SUCCESSEUR,

Place de la Halle et rue du Rempart, 2.

—

1882

Mes Frères,

Une question se pose et se débat aujourd'hui
avec un intérêt passionné. Y a-t-il des classes
dans la société ? Avec son esprit niveleur, ses
instincts de destruction, le fanatisme révolution-
naire le nie. Sous prétexte de combattre le privilége, il a juré une haine mortelle à toute autonomie ;
et son grand effort tend à substituer des pouvoirs
factices, étrangers aux sentiments et aux intérêts
locaux ; à ces autorités naturelles, pourvues de
l'influence salutaire que donnent le travail, la
confiance, le respect des populations, et si juste-
ment dénommées *autorités sociales*.

Je ne confondrai pas les corporations d'état
avec les classes. Le mouvement du siècle dernier
a-t-il eu raison de supprimer ces associations qui
revendiquaient l'existence au nom des besoins qui
les avaient fait naître et des services rendus ?
N'aurait-il pas agi plus sagement en se bornant
aux réformes ? Je laisse à la science économique
le soin de l'éclaircir.

Quant aux distinctions sociales, leur notion
vient de Dieu ; elles sont son œuvre. N'est-ce pas

sa Providence qui départ à certains hommes les grâces particulières de l'intelligence, du talent, de la fortune et du savoir? L'enseignement de l'Eglise à cet égard n'a jamais varié. Ennemie des iniquités de la servitude non moins que des chimères de l'égalité, elle fait constamment appel à la justice, au dévouement, pour rapprocher sans les confondre les classes entre lesquelles se partagent les sociétés. Disant à toutes leurs devoirs plus encore que leurs droits, elle ne cesse de poursuivre le rétablissement des prérogatives de l'état d'innocence, alors qu'il ne pouvait y avoir esclavage entre les hommes, mais service, assistance, offices réciproques d'affection et de fraternité.

Ce n'est pas à vous, Messieurs, qui occupez dans cet arrondissement, dans ce canton, au milieu de nos hameaux, une place si considérable, qu'il est besoin de rappeler les caractères de votre supériorité. Elle doit être avant tout une supériorité de direction. Vous êtes la force, mais la force chargée de conjurer l'invasion du mal et de ramener les hommes au bien. Aussi, après avoir humblement conjuré Dieu de conserver en vous la connaissance des devoirs auxquels vous êtes tenus, me bornerai-je à vous rappeler les moyens de rendre efficace votre patronage moralisateur.

Ils sont au nombre de trois : la croyance, — l'action, — une croyance et une action sincères, c'est-à-dire sans réserve ni restriction.

Messieurs du comice, soyez les bienvenus. Vous avez eu raison de ne point vous séparer cette année encore de ce qu'il y a de plus élevé dans la nature et le monde. En associant la religion à vos triomphes agricoles, aux chefs-d'œuvre de votre travail, vous leur conférez un nouveau degré de grandeur. Vous saviez l'étrange besoin que l'homme a de se voir glorifié, et qu'en se préoccupant exclusivement de ses intérêts matériels, un peuple ne tarderait pas à trouver dans cette application exagérée sa première cause d'affaiblissement.

Monsieur le Président (1), on nous reproche volontiers, à nous autres gens de glèbe, l'étroitesse de nos horizons. C'est vrai : nous répugnons aux nouveautés; mais, en retour, nous aimons avec passion les vieux dévouements. L'homme de cœur auquel vous succédez (2) à tant de titres le savait; il en a eu de son vivant et après sa mort des preuves sans nombre. Vous ne tarderez pas à expérimenter, vous aussi, qu'une fois donnée notre main demeure, et c'est à toujours.

I.

Il est assez de mode de penser que les croyances religieuses sont indispensables à l'organisation d'une société; mais, à mesure que la civilisation croît et se développe, cette nécessité s'effacerait pour bientôt disparaître. La raison vient alors se substituer à la foi, comme dans l'industrie agricole le progrès remplace par des machines le travail des bras. Les classes dirigeantes s'inspirent de cette persuasion dans la vie privée comme dans la vie publique; les classes populaires s'en imprègnent à leur tour, et de là cette défaveur dont souffre aujourd'hui l'idée religieuse. Ici elle est l'ennemie et traitée en proscrite, là on se borne à refuser son concours, ailleurs le concours est toléré, mais avec quelles défiances !

Est-il vrai qu'à un âge quelconque de sa vie la valeur morale d'un peuple puisse ne reposer que sur ses conquêtes dans l'ordre physique ?

L'autre jour, l'Angleterre débarquait à Londres un prince vaincu, Cettiwayo. Sa Majesté Africaine eut le bon goût de se montrer émerveillée des prodiges qu'on étalait comme à plaisir sous ses

---

(1) M. Maringe.
(2) M. le baron de Bourgoing.

yeux. « Les Européens, » disait-elle, « sont en
» vérité plus puissants que les magiciens de mes
» Etats; leurs villes sont aussi populeuses que les
» fourmilières de nos forêts. Ils mettent des
» fleuves où il n'y en a pas, disposent de la
» lumière, doublent la taille de leurs animaux et
» modifient la création entière. » Puis, laissant
un sourire d'ironie méprisante disjoindre ses
lèvres épaisses : « Chez eux, » ajoutait-il, « il
» n'y a que l'homme qui échappe au perfection-
» nement général. »

La sagacité du sauvage raisonnait juste. Qu'a-
vons-nous fait de l'homme? Qu'en faisons-nous ?
Il importe de le savoir, et la science qui se borne-
rait à peser les résultats obtenus, sauf à en déduire
les frais de production, serait forcément incom-
plète; pour atteindre son but, il lui faut étudier
l'homme et la société.

L'homme est devenu chez nous ce qu'il devient
toujours lorsque la fièvre du lucre et de la production s'empare d'un pays, que la fortune et le bien-
être sont sa loi suprême. Alors la sève de son être
moral se tarit, les ressorts d'action autres que le
plaisir et l'intérêt personnel s'usent et se brisent;
l'égoïsme, ce vice des races déchues, s'en va substi-
tuant au fond des âmes l'infatuation des droits à
l'esprit de sacrifice et d'épanchement, lien des
sociétés. En fait, vit-on jamais le mépris de l'autorité, la vénalité des cœurs s'étaler plus haute-
ment, les souffrances de l'inégalité à un état aussi
aigu? Chez les meilleurs, ce n'est qu'incertitude,
obscurité, confusion des langues; chez les autres,
la dépression du sens naturel est à ce point que
les solutions les plus élémentaires sont remises en
question, et que ce sont les vérités de sens commun
qu'il est aujourd'hui nécessaire d'établir et de
démontrer.

A quoi bon multiplier les traits d'un tableau
déjà si sombre? J'aime mieux en appeler de son
exactitude à trois faits qui vous sont connus.

Le premier est l'antagonisme ou *la guerre aux*

classes qui se développe au milieu de nous. Est-ce que, sous ce prétexte que tous les maux viennent de l'exploitation du faible par le fort, vous ne voyez pas se dresser au sein de notre société bourgeoise, industrielle, capitaliste, un ennemi implacable, déjà puissant par le nombre et fortement organisé ? Le mouvement, très-apparent dans les grands centres, au contact des foyers de scepticisme, se communique aux districts ruraux, grâce au colportage, aux livres obscènes, aux ateliers nomades ; et l'heure est proche où vous aussi, Messieurs, vous serez rendus responsables, comme d'autres l'ont été avant vous, de tous les maux qui pèsent sur la société.

Un autre fait, c'est l'effroyable débordement de crimes dont nous sommes les témoins. Lisez dans le *Journal officiel* le rapport adressé au mois d'août dernier par le garde des sceaux au chef du Gouvernement, sur l'État de la criminalité au sein du pays. Vous vous sentirez envahis d'une immense tristesse, et vous vous demanderez avec amertume s'il ne faut pas désespérer de l'avenir en voyant la démoralisation toujours croissante de notre jeunesse, le nombre toujours de plus en plus grand de crimes dont sont aujourd'hui victimes la femme, l'enfant, les vieux parents, ces trois objets de la grande pitié de l'ancienne société chrétienne.

Je ne ferai qu'indiquer *le troisième fait.* Le dernier recensement a mis en plein jour la honteuse et toujours progressive déchéance du foyer domestique français. Encore cinquante ans de ces défaillances, les Etats-Unis compteront 190,000,000 d'habitants, la Russie 158,000,000, la Prusse 83,000,000, l'Angleterre 63,000,000, et la France, la France, grâce à son âpre désir de la jouissance sans charges, s'en ira, donnant la main à l'Italie, se perdre avec ses 44,000,000 d'habitants dans les multitudes russes et allemandes.

C'est la loi de l'histoire, et nous la subissons après tant d'autres. Les peuples qui ont le plus

participé aux innovations, aux découvertes scienti-
fiques, aux applications que l'industrie et les
arts usuels en ont retirées, ont eu tout d'abord à
souffrir des conséquences dangereuses qui en
résultent quand elles n'ont pas le contre-poids des
croyances. A mesure que s'affaiblissent les convictions religieuses, on voit s'affaiblir en eux les
aptitudes morales les plus nécessaires, et, par
contre, surgir les désordres sociaux. Ceux qui
deviennent étrangers au sentiment religieux tom-
bent dans un état d'abjection où l'on n'aperçoit
même plus l'ordre que l'instinct produit dans la
nature inférieure.

Cette loi se retrouve au sein des familles. Est-ce
que là encore l'altération des mœurs ne correspond
pas avec l'accroissement du bien-être et de la
richesse, qui n'ont pas la sauvegarde tutélaire des
convictions chrétiennes ? Est-il donc si rare dans
nos campagnes le contraste du grand-père en sabots,
à mœurs simples, à fortes croyances, amasseur
laborieux, intelligent d'une fortune considérable,
et de monsieur son petit-fils, jeune homme à bottes
vernies, incapable, ignorant, dissipateur et dissolu?
J'en fais chaque jour l'expérience. Ceux qui
autour de moi s'élèvent des derniers rangs aux
rangs supérieurs de la société le doivent à l'em-
pire sur eux-mêmes et à ces fortes qualités que
donne l'esprit religieux plus qu'à la perception des
lois de la science et des meilleures méthodes de
travail. Les revers de ceux qui traversent la vie en
sens inverse résultent moins de l'ignorance de ces
lois et de ces méthodes que de l'oubli des principes
religieux.

En vain compterez-vous sur le développement
de l'instruction, ferez-vous appel à la loi, aux
pouvoirs publics. Oui, la foi aux livres de classe
et à la lecture est arrivée chez nous à l'état de
superstition. Mais quels rapports existent, je vous
le demande, entre la science de certains signes et
le sentiment du devoir ? Qu'ont de commun la
solution des plus difficiles problèmes d'algèbre et

le réglement des appétits, la contenue des passions ?

Sans doute, dans les questions d'ordre matériel,
la puissance publique a reçu le mandat de pré-
venir et de dompter par la force les agressions de
la violence. Mais pour rendre cette intervention
durable autant qu'efficace, c'est au sanctuaire de
la conscience, et non pas à la surface de l'homme
qu'il faudrait arriver ; c'est à son esprit, à son
imagination, à son cœur qu'il faudrait s'adresser.
Or, qui ne le sait ? un bras armé est ici sans
action. Nos annales judiciaires ne nous offrent-
elles pas, à diverses reprises, cet étrange spectacle
du désordre croissant en raison des sévérités de la
répression ?

Seule, la religion plonge dans les profondeurs
intimes de l'âme, pour y porter la lumière et la
force, des mobiles et des moyens. C'est dans ce
fond, d'où procèdent le bien et le mal, qu'elle exerce
son influence, saisissant à leur racine tous les
mouvements de notre liberté, pour les incliner au
vrai et à la vertu. Elle a l'intelligence de nos maux,
le secret des remèdes, l'énergie des œuvres. Elle
fait rayonner l'espérance dans l'asile de la dou-
leur, éclaire la nuit même du tombeau, ouvre
devant chacun de nous d'immenses perspectives.
Vous vous apitoyez sur le malheureux, elle le
console ; vous proclamez haut ses droits, elle lui
apporte des jouissances. En fixant les limites de
nos discussions, en concentrant sur un champ
légitime notre activité, elle concilie l'instinctif
besoin d'aller en avant avec le respect de la tra-
dition. Ses vérités d'ordre surnaturel nous pré-
servent des erreurs extravagantes et se font les
gardiennes de l'ordre surnaturel.

Vous connaissez la demande de ce musuman
victorieux à un captif plus grand dans le malheur
qu'il ne l'était lui dans la prospérité : « Fais-moi
» chevalier, » lui disait-il, « afin que ma sagesse
» soit à jamais plus haute que ma fortune. » —
« Fais-toi chrétien, » répliquait saint Louis.

Faites vous chrétiens, Messieurs ; là est la science de la vie. C'est l'Evangile qui a résolu et qui seul peut résoudre toutes ces questions brûlantes que l'ignorance, les colères, les insolences de ce monde ne cessent de poser à Dieu, et qui aujourd'hui plus que jamais deviennent le grand danger de votre vie sociale.

II.

Être chrétien, non, ce n'est pas seulement s'incliner devant la vérité, ou solliciter la grâce d'en haut ; c'est la regarder en face, y correspondre, la mettre en pratique. Il y va du présent et de l'avenir.

On s'est étrangement trompé sur la nature des événements dont notre ancienne société française a été victime. Ce n'étaient pas les avantages laissés à certaines situations que la Providence frappait, mais l'oubli des devoirs qui devaient correspondre à ces avantages. L'histoire nous montre plus d'un peuple fondant sa prospérité sur le régime du privilége, jamais sur les mauvaises mœurs.

Dès l'an 1601, un livre paré de ce titre alléchant: *De la Sagesse* annonçait aux classes dirigeantes qu'elles pouvaient personnellement se dégager de toutes pratiques religieuses, à la condition toutefois de les conserver comme un indispensable frein à leurs subordonnés. Le livre fit école, et ce fut à qui, dans la noblesse et la riche bourgeoisie, au sein de la magistrature et d'une partie du clergé, donnerait l'exemple du scepticisme et des dissidences religieuses, de la force égoïste et de la jouissance stérile, de la richesse sans charges et de la propriété sans fonctions sociales. Les maîtres du sol oubliaient dans les plaisirs de Versailles la solidarité qui liait leurs ancêtres aux populations rurales et laissaient l'antagonisme social envahir tranquillement leurs domaines.

Vous savez ce qu'il en advint et comment de ces

erreurs de conduite date, en particulier, la ruine
de l'agriculture pendant tout le cours du dix-hui-
tième siècle.

Dans l'ordre moral comme partout ailleurs, les
mêmes effets sont aux ordres des mêmes causes.
En vain conseillerez-vous le retour aux rits tradi-
tionnels, ferez-vous valoir l'intérêt social, raison-
nerez-vous avec une puissance de logique fécon-
dée par l'éloquence ; si vous ne joignez l'exemple de la prière au temple, de l'observation du
dimanche, de toutes ces pratiques si éminemment
moralisatrices que commande la religion, votre
parole restera sans effet. Jamais époque put-elle
compter autant de moralisateurs que la nôtre ?
Le père veut moraliser ses enfants, le riche fait
volontiers la morale au pauvre, l'homme de bien
s'essaye à corriger les instincts mauvais de l'homme
pervers. Pourquoi donc, à dix-huit ans, le jeune
homme a-t-il fait litière de tout ce qui lui a été
enseigné ? Pourquoi l'esprit de réforme demeure-t-il
à ce point impuissant parmi nous ? Pourquoi en
sommes-nous arrivés à ne pas oser, nous tous tant
que nous sommes, une réforme fondamentale dan-
la crainte de heurter l'opinion et de compromettre
la paix publique ?

C'est qu'un levier a manqué : le levier de
l'exemple, le levier de la prière qui, matin et soirs
consacre les actions de la journée ; d'une pratique
capable d'affermir les convictions puisées ailleurs ;
le levier surnaturel des sacrements par où la vie
divine s'accroît et se conserve dans les âmes.
C'est à vous, Messieurs, qui, à tant de titres, êtes
les aînés de ce pays que Dieu réserve l'emploi de ce
levier. Là se trouve la raison d'être providentielle
de votre supériorité. « Il faut, » disait un phi-
losophe de l'antiquité, « que celui qui commande
» soit meilleur que ses subordonnés. » Si la raison
nous montre la propriété pourvue de la belle
mission de subordonner les hommes entre eux,
la foi nous enseigne que le pouvoir ne nous est
pas confié pour notre avantage personnel, mais

pour l'unique avantage de ceux qui obéissent ; que si le juste donne à ses enfants la préférence lorsqu'il s'agit des biens temporels, il traite enfants et serviteurs sur un pied d'égalité lorsqu'il est question de biens spirituels et du salut. « C'est » parce que les maîtres, » disait Bourdaloue à tous ces possesseurs du sol, déserteurs aux pieds du roi de la terre et du devoir, « c'est parce que les » maîtres doivent être garants de leurs inférieurs, » qu'ils ont droit de commander et qu'on leur » doit obéissance. Sans cette responsabilité il n'y » aurait ni serviteurs ni maîtres, ni dépendance » ni autorité, ni commandement ni sujétion. »

Oh ! je sais l'objection en usage ; mais ceux qui la font ont oublié ce qui advint un jour dans ces terres de Hollande constamment menacées par l'Océan, souvent envahies par les eaux et toujours stériles. Vainement avait-on employé les ciments les plus solides, tracé des fossés de circonvallation, amoncelé des rochers, le bras de l'homme restait impuissant et vain. Un jour, un berger imagina de semer dans ce sol mouvant une herbe connue sous le nom de jonc des sables. Ce fut un éclat de rire universel autour de lui. Qu'espérer de cette herbe, de ce jonc fléchissant ? Le rire fit bientôt place à l'admiration quand on vit que partout où l'herbe prenait racine et se multipliait le sol était fixé et les moissons sauvegardées. La croyance d'un homme de bien, il vous semble que ce n'est qu'un roseau ; sa pratique des œuvres de religion, simple brin d'herbe qui va se perdre dans la sécheresse des cœurs, au milieu du torrent des mauvais exemples. Joignez le roseau au roseau, multipliez ces brins d'herbe, et le sol qui tremble sous vos pieds se consolidera, et le vent du désordre viendra se briser au grain de sable qu'auront assujetti l'herbe et le roseau, votre croyance et votre action. J'entends une croyance, une action sincères, c'est-à-dire sans restriction ni réserve.

III.

« Celui-là », observe saint Cyprien, « est
» chrétien véritable qui est gardien incorruptible
» de l'intégrité. » Ici se revèle une des plaies les plus
purulentes de notre état individuel et social. On
ne veut plus se donner la peine de chercher la
vérité. Y a-t-il même une vérité ? Cette question
importe peu, on la tient pour oiseuse. A de certaines heures, quand les étages supérieurs de la
société sont envahis par les passions de la multi-
tude, que ses mauvais instincts menacent de
devenir son propre tombeau, on court aux digues.
Dans l'agitation des recherches, au milieu des
émotions de la crainte, le nom de Dieu est prononcé, on invoque l'Evangile, mais quel Evangile?
Un Evangile entamé, avili par le mélange de
principes et de mots destinés à cacher sous le
charme de la forme des pensées indécises ou
dangereuses ; un Evangile arraché à l'Eglise qui,
seule, a mission de le conserver et de l'interpréter,
l'Evangile du poète.

> Soyez juste, il suffit : le reste est arbitraire.
> Jésus et Bélial, embrassez-vous.

Qu'espérer de Dieu avec cette fidélité bornée,
ces falsifications de doctrines ? « Sa bénédiction »
disait un prince de l'agriculture, Olivier de
Serres « est l'âme et la quintessence du mesnage
» des champs. »
Dieu, Messieurs, est vérité, et il a en horreur,
il traite en adversaire déclaré quiconque se dé-
tourne de la vérité. *Qui non est mecum contra me
est;* voilà sa réponse à nos frivoles excuses, à notre
esprit d'accommodement et de circonspection pré-
tendue, à ce milieu que nous nous obstinons à
garder en dépit de l'honneur non moins que de la

conscience. *Qui peccat in uno, factus est omnium
reus*, observe l'apôtre. « Qu'est-ce à dire, » demande saint Bernard. « La trangression d'un seul
» précepte serait-elle aussi coupable que la viola-
» tion de tous les commandements ? Ce serait une
» erreur fort pernicieuse de le supposer ; mais,
» selon la pensée de l'apôtre, et c'est un dogme in-
» contestable de notre foi, quiconque manque en
» un seul point à la loi de Dieu est aussi privé
» de sa grâce, perd aussi immanquablement sa
» charité, n'a non plus part à sa gloire, enfin n'est
» pas moins un sujet de réprobation que s'il se
» trouvait l'avoir trangressée dans toutes ses par-
» ties. » -

Le peuple ne s'y trompe pas, et si, sur le terrain
des faits, il comprend la tolérance, avec sa logique
naturelle il répudie ces alliages de principes et se
rit d'un Évangile ainsi diminué... Comme saint
Cyprien, il estime que le livre tombé des mains,
ou mieux de la bouche de Dieu ne saurait être
vrai en un point, faux en autre ; que si ses
dogmes sont surannés, la morale qui en découle
comme le ruisseau de sa source est fade et sans
goût ; que si ce groupe des commandements qui
imposent le respect de Dieu, de son nom, des jours
qu'il s'est réservés ne compte plus, il n'a que faire
de ceux qui ont trait à l'homme, à sa propriété, à
ses droits.

On s'étonne du peu d'influence qu'exerce aujourd'hui la religion. N'en cherchons pas la cause
ailleurs. Il y a pour la vérité quelque chose de plus
débilitant, de plus redoutable que d'être haïe, mau-
dite, persécutée, c'est de se voir contrainte d'ouvrir
les portes de son sanctuaire à l'erreur. C'est à ces
obscurcissements de parti pris, à ces capitulations
de conscience, plus qu'aux formes sociales ou à
une corruption irrémédiable, comme quelques-uns
le veulent, qu'il faut faire remonter les dangers de
notre situation et notre impuissance à nous régé-
nérer. « Il n'y a rien de pire que les bons mauvais
livres, » écrivait le comte de Maistre, « c'est-à-dire

» les mauvais livres faits par des hommes excel-
» lents mais aveuglés. » Dix fois, dans le siècle
où nous sommes, la France a eu l'occasion de
remonter les pentes malheureusement descendues.
L'échec est venu constamment de l'erreur semée
comme à plaisir, et les plus dangereuses formes de
l'erreur ont été propagées par des hommes excel-
lents mais aveuglés.

IV.

A Dieu ne plaise, Messieurs, que j'abaisse les
doctrines que je représente au milieu de vous en
leur assignant pour fin principale le bien-être
temporel de ceux qui les acceptent. Leur but premier et constant, vous le savez, est de conduire
vos âmes à la vie éternelle. L'Evangile cependant
prend soin de nous avertir que la foi donne les
autres biens par surcroît, et l'histoire nous montre
l'Eglise partout et toujours soucieuse pour vous de
ce bien-être dont on l'accuse trop souvent de se
désintéresser.

Pour resserrer des liens qui parfois semblent
vouloir se relâcher, agriculteurs, souvenez-vous
de ces jours anciens où vous n'aviez d'autre refuge
que la religion contre les brutalités de la race
envahissante. Elle vous groupait alors autour de
ses églises et de ses monastères, vous couvrait de
ses priviléges et de ses immunités, créait pour vous
mieux défendre un prolongement en votre faveur
de la vie religieuse par les confréries.

Plus tard, contre cette féodalité qui, comme les
rois païens, prétendait élever châteaux, monuments,
tombeaux même avec l'épargne et la sueur de ses
paysans, elle s'arme de la parole de Dieu et de ses
censures. Elle stipule pour vous la faculté d'acheter
la terre que vous aviez cultivée, déclare imprescrip-
ibles vos bêtes de somme et vos instruments de

labour, vous réserve, sous le nom de paix ou trêve de Dieu, les loisirs nécessaires à vos semailles et à vos récoltes, revendique le droit d'affouage et de maisonnage, députe ses clercs auprès des tribunaux civils pour la défense des gens de campagne pauvres et abandonnés. *

Oh ! vous avez raison, Messieurs, de faire appel à la science, de multiplier vos découvertes, de remuer ce sol en tous sens ; vous ne faites qu'imiter l'Eglise. Est-ce que, dès le douzième siècle, deux moines n'avaient pas centuplé la valeur agricole de la France ?

Mais vous n'avez pas seulement à dominer des éléments ; il vous faut encore traiter avec des hommes, et ici la tête ne suffit pas, il faut faire appel à son cœur. *Habite caritatem Dei*, vous dirai-je avec l'apôtre. Oui, à l'exemple de l'Eglise, ayez cette tendresse que Dieu commande, que sa foi dirige, que sa grâce soutient. Là se trouvent la force invincible, la condition des grandes œuvres. C'est la solidarité chrétienne rétablie et le foyer en honneur, la famille de travail reconstituée par le patronage bienveillant et l'obéissance pleine de gratitude ; c'est l'esprit de localité et de voisinage, conséquence de l'esprit de famille ; c'est la France, Messieurs, cette France que la religion et l'agriculture avaient si bien faite, rendue par elles au repos, à la vie, à l'honneur.

C'est mon vœu le plus ardent ; que tel soit le vôtre, et Dieu nous vienne en aide...

Ainsi soit-il !

Imp. Fay. — G. Vallière, succr.